Huone

Esipuhe lukijoille

Idea kirjaan lähti... Kirjaan lisäsi omista kokoelmistaan runoja kuusi runoilijaa Kallion kulttuurin ja katuelämän kokeneina, näkökulmanaan ympäröivästä elämästä kirjoittaminen, kiinnostuksesta runotaiteeseen. Kokoelman voi luokitella paikalliseksi runokirjaksi ja jopa lähibaarirunoudeksi, sitä kainostelematta.

Mikko Karhu
Mira Mink
Eskopee
Hande Kallio
Anu Keskitalo
Anne Papart
Jarmo Luoto

Huone

Runoja

Toimittanut ja taitto: **Mira, Mink**

Kustantaja: BoD™ – Books on Demand, Helsinki, Suomi
Valmistaja: Books on Demand GmbH, Norderstedt, Saksa
ISBN: **978-952-498-371-6**

Mikko Karhu

Näkymä Ravintola Budsin (Helsinginkatu 11) ovelta talvella 2007.

puoli yhdentoista maissa
    illalla
helähtää Hesarilla
    Kulkuset
reppuselkäisen
    pikkutytön
        suusta
kaukana
    äitinsä valvovan
        silmän
            takana
huolia vailla
    lumisateessa
        hiljalleen
            eteenpäin
                hipsutellessa

*Näkymä huoneeni avoimesta ikkunasta vastapäisen talon,
Helsinginkatu 13, edustalle 1995.*

Primulan
    kultainen kahvikuppi
    hohtelee
punavalkoisen
raidallisen
markiisin
    yllä
mustassa
aamupakkasessa
viereisen
    katoksen alla
kohoavat huurteiset
graniittiaskelmat
Kello-Hakkaraisen
    portaat
kansoitetut
    kesäaikaan
ilta-auringon
    väsyneillä kulkijoilla
päivettyneillä
    naisilla

Runeberginkadulta läheltä Kauppakorkeakoulua, 1994.

liikennevaloissa
hamuaa
käsi
signaalinappulaa
hieroo
vuoden
kylmin päivä
paistaa
lounasta
haaleiden
pilviverhojen
takana
litteäksi
valssattu
keltainen
kalikka
siirtyy
lautaselle

Lasipalatsin takapihalta, vanhalta linja-autoasemalta 2005.

kylmä pöytä
lämmin tuoli
linjuriaseman
talviterassin
riehakas
ystävällinen
myyjätär
sanoo
ei maidolla
vaan
maidon kera
jotain sanoakseen
kesä oli
talven kaltainen
häikäisevän
terassin varjosta
äärettömyyksiin
äänet
valo
nauru
kumoan kuppini
lähtöön
pöytä huurtaa
sormiani
miksi
päässäni on pipo
jalassani housut

Sörnäisten metrossa, 1999.

rullaportaat
loppuvat
musiikki
alkaa
nainen
nojaa
seinään
soittaa
kitaraa
miettii
itseään
minä
häntä
soitin
punainen laukku
lantit
komea ryhti
välinpitämätön
rento
toinen polvi
koukussa
katsoo syliinsä
hiuksiinsa
kitaraansa
hänen silmiään
näkemättä
odotan
taukoa
keskustelumme
aloitusta

Huoneestani 1999.

Svetlana
huuliharppu
pikkuinen
matto
Nuuskamuikkuselle
Helsingissä
nousta
aurinkoisena aamuna
vuoteesta
pienelle
kivelle
rantaveteen

1990-luvun alussa avattiin Helsinginkadun ja Hämeentien kulmaan Kahvila Melba. Sörnäisten metrossa soitti kerran pietarilainen nainen sähkökitaraa. Kutsuin hänet kahville Melbaan.

haukottelen
yskiskelen
korjaan asentoa
istun kahvilassa
tutkin
AutoCAD-
piirustusohjelmaa
lasin takana
liikenne
ihmiset
kadulla
kohtapuoleen
Pietarissa
sipaisen
tyttöni poskea
sanon
jotakin
tyttöseni
katsot
minuun
muuta
en tiedä
en tarvi

12

Mira Mink

Runoni julma naishenkilö, kertoo huumorista, kovanaamaisesta naisesta, joka arpoo sydämiä. Sydänten murskaaja.

JULMA NAINEN

Haluan miesten verisiä sydämiä,
sykkimään lautaselleni,
viimeisiä pokausrepliikkejään verisesti katumaan.
Valitsen, syönkö vai heitänkö menemään?

Lautasellani inisevät alistettuina.
Kerjäävät armopaloja.

Armosta hymyilen hieman.
Kosketan muutamaa sormenpäälläni.
Tökin "tök tök".
Sydänlihas painuu työnnöstä,
kuin naudanliha, siihen jää musta jälki.

En mieti enää, puraisen jokaista.
Mikä maku olisi paras?

Nam. Jätän ne lautaselle,
odottamaan paluutani tai mätänemistään.
Saan orgasmin.

Mira Mink (2017)

Runo kertoo kirjoittamisen tuskasta, toisinaan koetusta ahdistuksesta kirjoittamiseen liittyen. Nais- etuliite on tavallaan turha otsikossa, se voi yhtä hyvin olla Runoilijan vainoharha. Runoilija on nainen tai mies.

NAISRUNOILIJAN VAINOHARHA

Kun maailman paskin marginaalirunoilija
runoilee,
se ei saa mitään yleisöä,
kaikki vihaa sitä,
kertovat kliseitä,
peruvat taiteilijaystävyyttään
tekoverukkeella,
iso on idea,
mutta paska runoilija...

Eikä sille mitään haluta antaa,
se halutaan vain tappaa,
vahingoittaa, jopa kidnapata,
varastaa sen puhelin, ettei se pystyisi
kirjoittamaan yhtään runoa.

Tappakaa se! Huutavat!
Peruvat lupauksiaan,
seksikkyys ei kelpaa,
tissikuvat toisinaan on jees,
traagiset elämänkokemuksetkaan
eivät auta.
Kaikki haluavat nolata sen olemassaolon,
mukamas kavereita,
häiriköivät ja huutavat rivouksia sen perään,
kaikkien mielestä se oli kiva,
isot tissit ainakin,
Näin sen ymmärsin.

Mira Mink (2017)

15

Oletus on, että jos leijut pilvien välissä, siellä on kumua eli
jotain ääntä, muuten hiljaista. Sumu on maanpäällinen pilvi.
Otsikko tuli yhtäkkiä, kuin salama mieleen.

PINTAKUMUA

Pintasumussa kaikuu, tartun siipeesi kovassa
vauhdissa,
etten putoa reunan yli, mistä ei ole paluulentoa.
Tapaan elämäni naisen, tunnen ja koen.
Testaan ja ratkon yhtälöitäni.

On uusi yö, ja turha keikka.
Kävelen, ajattelen murhia mielessäni,
hirveä työ.
Kuun kivellä valat vannotaan,
auringon lämmittämä rakkauteni säteilee,
syö energiaani.

Nakerran pullapalasia ja pizzan reunoja,
joissa on voinokareita päällä.
Herkkutäytteenä kermavaahto,
haukkaan hilloa.

Arkkuni pehmeällä puolella lepää kullitettuja jalokiviä.
Metallikuoren alta löydän maailman komeimman väri-
ilmiön, kaunis kuin kukka.

Lopetan ja aloitan. En kirjoita tarinaa paremmaksi.
Mykkäkoulu tarttuu minuun. Tauti syövyttää.
Näen silkinpehmeitä kettujen turkkeja.

Mira Mink (2017)

16

Lähiöruno. Spugejen romantisoinnista tässä runossa ei ole kysymys. Stoori on yksi normisettiin kuuluva, että niinhän ne spuget elää. Tämä on lähibaarissa kirjoitettu runo.

SPUGERUNO

Stadin spugeja on vielä nykyäänkin
ilman himaa,
kadulla ne joutuu vaan hengaa,
joillain niistä snygi dogi,
ettei tarvi ihan soolona yössä.

Kelpaa vaikka papruloota,
puiston penkki, ilmastointihole,
iisii laiffii, ei se siis tod ole,
messissä pari samista kaiffarii,
riittää et on norttii,
ja ottaa lasolista huikkaa,
Stadin ruma bugi.

Spuget hengaa kadulla, Hesarilla,
Vaasiksella ja roskisten kohdalla,
ainut toive lisäx on hima edes yhdex yöx.
Niiden duuni on pummii ja dogaa,
nortti huulessa palaa, kun flindasta
henkosten väliin naukkaa,
jos manit on totaalisen loppu,
Hesarin Alkon edes joku jeesaa.

Ja kohta spuge kossunsa jo korkkaa.
Kaikki tietää sen,
aamumarssi ja kaurapuuro,
kahvii ja röökii päälle.

Yön tyypit,
lehtiroskis, puiston penkki, lämmin
ilmastoinnin henki.
Kultainen pitäis spugen roskiskin olla,
joku senkin töhrii.

Miksei oo himaa mulla? Aivan on olo
kuin yksin aavikolla,
ei lähteen lähdettä,
missään ei virtaa kolikot,
eikä nestemäinen kulta.
Puiston yksinäiset spugeläppäänsä heittää,
pullo kiertää porukkaa,
Onko spuget unohdettu kokonaan?
Kukaan ei viisauksista saa palkintoa,
Pulitserit saa jotkut muut,
kuin kadun kulkijat viisaat.

Mira Mink (2017), esitetty Lähiradiossa helmikuussa
2017

Lyhyt rakkausruno. Tiiviistä kaupunkiasunnon tunnelmasta ja tunteiden lämmöstä. Kirjoitettu uudestaan vanhasta (2010) runostani syyskuussa 2017.

RAKKAUS, KAUHU JA PELKO

Nakerran kynteni,
kasvot...ihoni muistaa,
huulet ja koskettaminen,
väkevöityvät.
Kiehuva piste 75 astetta,
sammutan levyn,
ettet kiehu yli.

Sakea tunne ryöppysi ilmastointikanavia pitkin.
Täytti huoneen jokaista senttimetriä myöten.
Kiima ja seksi voivat olla toisia sanoja sille,
mutta kuitenkin ilma kondensoitui tunteista.
En tarvinnut peittoa, lämpöinen kehä,
tunteeni,
tiivistyivät hekumaan.

Mira Mink (2017)

19

Lähiöruno. Kuuluu kalliolaisessa lähibaarissa kirjoitettuihin runoihin. Liittyy pimeään, varastetun ruoan, kauppaan.

SAVUKALAMIES

Savukalamies,
jolla viskiä kassissa myös,
aineenosat hallussa,
ja kymppi haussa.
Jos hilloo ei oo,
on se aika kujalla.

Ei sitäkään taskussa,
graavilohta, mustaleimaa,
lihaa ja kinkkuu tarjoon...
Ei hyvä jätkä, ei se hyvä oo,
kaikki se vetääränniin tai kurkkuun.

Ei, ei se sitä pelkästään oo,
koska on mitä on,
eikä se voi koskaan kuolla,

sillä perinnässä on,
ja perinteitä kunnioittaen,
mennään eteenpäin.

Loppuun saakka aina kusettaen,
sillä mennään loppuun saakka.
Piste.

Mira Mink (2016)

Kadut muuttuvat ahtaiksi ja ahdistus lisääntyy Kallion
kaupungissa. Herään, ja mietin miksi kukaan ei tee mitään
asialle?

RÄJÄHTÄVÄT LUPIINIT

Lenteleviä kukkien hedelmiä.
Leviävät sakeana pilvenä.

Katson kukkatulitusta ja ihmettelen värien
loistoa. Saan hymyn aikaan, aavistan ilon.
Lapsen säkenöiviä silmiä ympäröi huoli ja
ikuinen vanhuus.
Hän, yksin, leikkikentän keinussa.
Ilman ystäviä. Pilkkanaurua ja ivaa.

Kirjoitan tappamisen himosta, otsasuonta
tykyttävästä raivosta.
Harkitsen ostavani aseen asevyölleni
kynäni seuraksi.

Citykadut kaikuvat kylmien askeleideni
kopinoista.
En kävele Kurviin asti. En halua
pillerikauppiaiden ehdottavan minulle
törkeyksiä.

Ahdistun ympäristöstäni.
Nukun leipäveitsi sängyn vieressä.
Huomenna ostan pippurisumutteen.
Sijoitan sen käsilaukkuun meikkien ja
lompakon väliin. En edes meikkaa.

Olen ypöyksin. Silmäni näkevät
iltahämärässä, osuvat katuvarjoihin.

Kudottu kaulaliinani putoaa katuun. Sanon
"hep" ja juoksen pakoon.

Mira Mink (2017)

Eskopee

*Tapansa mukaan Suomella on viime vuosikymmeninä ollut
kova hinku kansainvälisen politiikan ytimiin. Niinpä vuonna
2011 miinalaiva Pohjanmaa lähetettiin Adenin lahdelle
jahtaamaan somalipiraatteja, jotka kaappasivat laivoja
lunnaiden toivossa. Joitakin venekuntia suomipojat saivatkin
kiikkiin, mutta merirosvot jouduttiin vapauttamaan rannikolle,
kun enempiä toimivaltuuksia ei merimiehillämme ollut.
Turhautuneena tuumasin, että eikös asiantuntevaa apua olisi
löytynyt jostain lähempääkin... Tämä kestosankaristani kertova
runo päätyi samana vuonna Kallio-lehteen.*

MUSTANAAMIO

Rummut kutsuvat: "Vaeltava haamu,
Adenin lahdelle apuun jo saavu!
Dumppaa sen pohjaan ahnaat piraatit,
paiskaa tyrmään kaapparisomalit!"
Trikoo on triskillä truma, mut homo
ei ole Viidakkopartion pomo.
Muussakin mielessä Mustis on mustis:
lemmen tuskis hän seinää puskis,
kun satoja vuosia epäilys kytee,
Pääkalloluolassa fiilis on kipee.
Mitäs, jos Guran, tuo metriheikki
ois Diana Palmerin esileikki?
Ei sellaista kestäisi edes Erkki,
vain pahaa nyt tietää sormuksen merkki.
Viidakon vanhan sanonnan mukaan
Mustista mulkumpi ei ole kukaan.

Eskopee (2011)

Italian pääministeri Silvio Berlusconi päätyi oikeudenkäyntiin järjesteltyään Milanon lähellä Como-järven huvilallaan "bunga bunga" –bileitä, joissa hän oli sekaantunut alaikäiseen prostituoituun. Pääministerin puolustus pyysi yhtä naapurihuvilan omistavaa kuuluisaa amerikkalaisnäyttelijää todistajakseen, joka tähän suostuikin, koska hän ei kuulemma ollut itse muuta kuin kurkannut irstailijan makuuhuoneeseen, jossa oli Putinin lahjoittama hulppea kutusänky. Tämäkin tunnelmapala julkaistiin ihme kyllä Kallio-lehdessä.

HUVILANAAPURIEN KESKEN

Aidan takaa todistelee Hollywoodin Clooney:
sakkolihaa ostelikin Berlusconin klooni.

Eskopee (2011)

25

Kesän kynnyksellä Joensuussa vauhdikkaan ravintolaillan
jälkeen poikkesin ystävälleni Anulle vaikkapa edes yöpaikan
toivossa. Hän ei höpinöistäni liiemmin piitannut, vaan jatkoi
antaumuksella pianonsoittoaan. En siinä oikein osannut
keskittyä johonkin Johann Sebastian Bachin menuettiin.
Nappasin pöydältä litran Erikeeper liimapullon ja rupesin sen
kyljestä esittämään muka lied-tyylillä tuoteselostetta. Pistin
noin joka toisen rivin omasta päästäni. Kohtapa alkoikin
syysöinen 5 kilometrin kotimatka apostolin kyydillä. Aamusella
kirjoitin tämän muistiin.

OODI ERIKEEPERILLE ELI IMPPARILIED

Erikeeper yleisliima
toimii niin kuin kevätkiima.
Liimaa paperia, puuta,
keramiikkaa, kangasta,
kuttaperkkaa, umpiluuta
ynnä vaikka mitä muuta.
Kuivuu supernopeasti,
tuoksuu hypermakeasti.
Huuruissani katson kuuta.
Tuoreena on parhaimmillaan,
kuivana on rakenteeltaan
väritön ja hajuton,
mitätön ja tajuton.
Pitää lopun aikoihin,
kestää ydinsodankin.

Erikeeper univerallim
behöver ej simsalabim.
Limnar papper, keramik,
tyg och leder = elastik!
Torkningstiden har så kort,
inget tar det nånsin bort.
En färglös och halvfast limning,
meninglöst men fult av stämning.
Valmistaa = tillverkare

26

Oy Casco Nodel Ab,
Sverige, Ruotsi = sil voux plais!
Maahantuo = importerar
Casco Nodel, gratulerar!
Vantaa, Espoo, Suomi,
alkaa ostobuumi.

Nappaa ysi-nolla-kasi,
täyttää pääni murskelasi,
seiska-kolme-yhdeksän,
ymmärtää voit enemmän,
ykkönen plus toinen perään,
yskittää ja viimein herään.

Sata millilitraa riittää
froteesukkaan, kansa kiittää:
LT-ryhmä, Ysam Grupp,
garanterar Belsebup!

Eskopee (1999)

Vuonna 2000 ilmestyi hypnoottista balkanilaista perinnemusiikkia esittävältä Slobo Horo yhtyeeltä "Divane" albumi, jolta ihastuin yhteen lumoavaan kappaleeseen, jonka sanat olivat Sivasin provinssissa syntyneen turkkilaisen runoilijan Pír Sultan Abdalin (n. 1480-1560) käsialaa. Hän oli kapinallinen sielu ja edusti alavi-uskonnonhaaraa niin kiihkeästi, että Hizir pašša hänet lopulta hirtätti. Levyn kannessa sen kenties ajankohtaisiltakin kuulostavat sanat olivat englanniksi, mutta mieleni teki ne suomentaa. Runon nimi tarkoittaa alavi-uskovaisten rituaalitanssia.

SEMAH

Polku ilmestyi eteeni
ja sen toinen pää oli kaupungissa.
Yrttikauppiaat olivat avanneet puotinsa:
"Mitä vain tarvitset, sen voit löytää peremmältä..."
Järven syvyyksissä kieppuu kurimus.
Vedenpuute korventaa rintaa.
Uskovaiset kumartuvat rukoukseen,
polun sisälläkin on polku...
Minä olen Pír Sultan!
Hei, te oikeauskoiset soturit,
uskon puhtaat tunnusmerkit
otsillamme päilyvät!
Oppipoika halajaa mestarinsa tykö
ja satakieli mielii livertää
ruusupensaan siimeksessä.

Suom. Eskopee (2000)

28

Täytettyäni Bärtsissä pyöreitä vuosia vei ihastukseni Tuija
minut turkoosilla Harrikallaan synnttäriajelulle. Kiitin häntä
tällä runolla tai kenties biisillä, joka ei kuitenkaan saanut häntä
jäämään Suomeen sillä kertaa.

NALLEPUISTOBLUES

Kivinen kontio
Karhupuistoa vartioi.
Petskujen partio
jotain roistoa haravoi,
kun spurgujoukkio
kohti Alkoa tokkuroi.
Ykskään portsari
kellekään ei pokkurois;
ykskään gaiffari
frendiään ei vasikois.
Kumarainen roskisdyykkäri
käy apajalleen tonkimaan;
humalainen, ronski öykkäri
saa klabbit alleen sukkelaan.

Näin skulaa Nallepuistoblues
perjantaina jotain kello iltakuus.
Nyt soikoon Nallepuistoblues
lauantaina varhain, vartin vajaa kuus!
Sen tsennaa munaskuillaankin,
on siinä riffin kulmikkuus.
Sen hiffaa otsaluullaankin:
soi näillä kulmin aina blues.

Rubikiin kuutio
daijussani raksuttaa.
Tuomari Nurmio
askeleitain tahdittaa,
juomarin hurmio
taas mua Tenkkaan kuljettaa.
Six-pack Lasoliin

29

murheeni mä dumppaisin,
pariin Xanoriin
CD:nikin vekslaisin,
kun mun nainen, prätkäfriiduni
pois flyttas eilen Malagaan.
Vilustui mun sieluparkani,
nyt rundaan tästä dokaamaan.

Taas kiirii Nallepuistoblues
perjantaina jossain kello iltakuus.
Mua riipii Nallepuistoblues
lauantaina varhain, vähän vaille kuus.
Kai snaijaat vihjaamattakin:
mun rinnan valtaa kaihoisuus.
Sen bonjais umpibollakin
miks tähän iltaan sykkii blues.

Eskopee (2003)

Suomalainen reggae-yhtye Soul Captain Band julkaisi vuonna 2001 albumin nimeltä "Jokaiselle tulta", jolla on herkullinen kappale "Mitä suurempi puu". Värkkäsin siitä yksissä Joensuun hippien kesänavausbileissä nuotiolla oman sananmuunnoksiakin sisältävän cover-version. Jamaikalla olin jo käynyt aikoja sitten rakkaani kanssa.

JAMAIKAN PASSI

Mitä mulskeempi salkku, sen kimeemmin
ne lampaat määkii, määkii.
Serkkupoika väitti ettei bää-bää-hommista
jää kii, jää kii, jää kii.
Jengi baaritiskiltä huuteli: –
Pidä jätkä pää kii, pää kii, pää kii!

Mitä pidempi matka, sen tyhmempi mies
sitä taittaa, taittaa, taittaa,
silti puolivälin jointti varmaan
jokaiselle maittaa, maittaa, maittaa.
Minä rastafarin elkein toitotin:
– Eipä tuo haittaa, haittaa, haittaa.

Tunnen marin tuoksun,
mulla onkin sitä täysi kassi, kassi, kassi,
ja takataskussa repsottaa
Jamaikan passi, passi, passi.
Jos mulla olis koira,
sen nimeks tulis Haile Selassie, Selassie.

(Sov. Eskopee 2003)

31

Olin vuonna 1995 kutsuvieraana Joensuussa ystäväni, EU-
kielteisen kirjailija Heikki Turusen 50-vuotisjuhlilla. Lahjoitin
hänelle uralilaisen ruusukvartsisen maljakon. Jatkokuvioissa
ravintola Wanha Jokelassa hukkasin mustan lierihattuni,
jollainen oli nähty sittemmin illan mittaan myös arvon
kirjailijan päässä. Kun sitä välikäsien kautta tiedustelin,
kirjoitti Heikki minulle kirjeessään näin: "Se oli kustantajani
WSOY:n ostama syntymäpäivähattu. Enhän minä nyt tosiaan,
perkele, varastele ihmisten hattuja! Tällaista se on nykyään,
kun kapakoissa ei ole vahtimestaria. Komeat hatut ovat kalliita,
ja kirottuja rosvoja on aina liikkeellä. Mutta haitannoonko tuo?
Eihän se nyt yhteen hattuun kaavu. Vituttaahan se tietysti.
Kaikkea hyvää!" Hattuni muuten löytyi myöhemmin ihan
muualta. Vaan seuraavaa shamanistista ripellystä tuskin olisin
Heikille kehdannut näyttääkään.

KIVENKÄÄRIMISRUNO

Taas Pohjois-Karjalasta kajahtaa!
Ken uskois: Euroopassa tajutaan,
 alkaa leikki neurogurujen,
ei kivenpyörittäjän maailmaan
voi terveen papereilla matkustaa.
Vaan missä luuraa Hessu Turunen?
Kas, Jokelasta Takataskuun ken
nyt tekee juukalaisen kierroksen?

Sain kiven pienen maagisen
kuin aarteen vuorenpeikkojen
tai onnenkalun maahisten,
rosoisen ja kiiltävän,
arpisen ja sileän,
meripihkaa vanhemman,
ihmismieltä vankemman.

Sain onnenkiven kosmisen,
kuin ihmeen alabasterisen
tai marmorisen koreuden.
Jos kätken sen kuin kalleuden,
niin piilotanko turhuuden
vain odottamaan hetkeään
tai joutavuuttaan nyhjäämään?

Kertyisikö vaurautta
väärää rahaa lyöttämällä?
Löytyisikö rakkautta
pajunköyttä syöttämällä?

Eskopee (1996)

Hesarilla ennätti toimia reilun vuosikymmenen verran 31.8.2017 ovensa sulkenut Pääkonttori ravintola, jota Bangladeshin pojat ansiokkaasti pyörittivät. Sen sulkeuduttua on orpoutuneella kantaporukalla ollut vaikeata sopeutua tilanteeseen ja maisemaan. Lausuin tämän jäähyväisrunon viimeisenä aukiolopäivänä siellä pidetyssä mainiossa runoillassa.

PÄÄKONTTORIN PEIJAISET

Sitä mestaa ensin kammoin:
selviänkö vähin vammoin?
Siellä istuilivat ammoin
ketlemannit, timpurit,
arkkitehdit, hampparit,
pimut, leidit, gaiffarit,
pelimannit, punkkarit,
jupit, sosiaalipummit,
diilerit ja narkkarit.

Tiskin takaa dhakalaiset
lemppasivat paskiaiset,
silti kaikenkarvaiset
asiakkaat janoiset,
juopot, monivammaiset,
asfaltilta rupiset,
skrodet, pössynhajuiset
tentattiinkin tarkasti:
"Olettekos selvin päin?"
Se on muuten banglaksi:
"Tumi ki tihk aso?"
Mieti sitä = ai, jassoo…
Ymmärsitkö varmasti?
Harvoin täällä käykin flaksi.
Viimein valaistuksen sain,
turhaan porttaria hain:
Pääkonttori on muisto vain!
Eskopee (2017)

Hande Kallio

Anna taivaanrannan maalarille leipää,
hän antaa sinulle hengenravintoa.
Ruokkii uteliaisuutesi,
tyydyttää tiedonjanosi.
Tyynnyttää nälkäisen mielesi.

xxxxxxx

Siivosin reppuni,
entisen elämäni tomut harteiltani.
Olin kantanut mukanani roskaa aivan liian pitkään.
Kaksi vuotta mahtui Alepan muovikassiin.
Pullonkorkkeja, tyhjiä tupakka-askeja, nuhjua...
Kasapäin muistutuskirjeitä.
Muistuttamassa mistä?
Olin jo unohtanut.
Pari kirjaa, joista olin lukenut sivun kaksi,
sieltä...
...täältä...
Illuusio Ajan pysäyttämisestä
ei toiminut tälläkään kertaa.
Kannan elämääni mukanani niin
kuin se on minua kantanut.

Aamu.
Sataa vettä.
Kaksi kirjettä ulosottomieheltä.
On hyvä tietää olevansa olemassa.

xxxxxxx

Nuhjuisten räkälöiden kusiputkissa
automaattisia käsipyyhekoneita,
jotka eivät skulaa
ilman että pistät iskua,
jos sillonkaan.
Valvontakameroita kadunkulmissa,
barettipäitä metroasemilla.
Pummeja, stögönkerääjiä, juustotrokareita,
muutamalla pitkätukalla skitat messissä.
Supermarket roskalavalla.
Porttikongit tuoksuvat makealta,
jengillä säätö päällä.
Varo, ettet astu piikkiin
ruumishuoneen pudessa.
Alat olla jo huolissasi,
kun joka toinen vastaantulija nyökkää sinulle
dallaillessasi Hesarilla.
Kusi haisee, kadunmiehet jonottavat leipää ja kloboja.
Voi sitten vaihtaa vaikka huikkaan,
jos huvittaa.

Kallio 2000-luvun lopussa,
kun uusi uljas lama alkamassa ropista pikkuhiljaa
köörin niskaan
ja vanha valta
vetelee viimeisiään,
epätoivon henkäyksiään.

37

Hei, sinä siellä!
Älähän vaivu nyt epätoivoon, ystävä hyvä!
Tiedon portailla, pommisuojan edessä
voi löytää vaikkapa rakkauden,
vieläpä kitaraa soitellen.
Koleassa harmaassa kevätsäässä nähdä valon,
kuulla laulun enkelten.
Syntyä uudestaan,
saaden vielä toisen mahdollisuuden.
Olen nähnyt sen,
arkipäivän ihmeen ihmisen.

xxxxxxx

Himoni on demoni,
kokemuksien janoni
Alati muuttuvan harhamaailman nälkäni.
Pelko jäädä mistään paitsi tässä elämässä..
...paitsi omasta elämästään.
Luopuminen
niin vaikeaa.
Juopuminen
lastenleikkiä
Demoni on himoni,
itsekuri karmaläksyni.

Muinainen temppeli Hesarilla,
nyt vain haalistuneet koristukset jäljellä.
Jokapäiväinen pyhitys ylipappi Alin johdolla,
sielua virvoittavaa hurmosta.
Siellä pohdittiin elämän saloja,
puitiin ihmiskohtaloita.
Saarnattiin nuhteen sanoja,
iloittiin täyttymyksen pauloissa.
Nautittiin katkeraa nektaria,
suitsutettiin pyhää savua.
Kolikot kirstuun kilahtivat,
luvaten ikuista kadotusta.
Iski ahneus pappeihin
ja rappio temppeliin,
joutuivat nuo muinaiset
Budsistit eksyksiin.
Vielä heitä siellä
täällä vaeltaa,
etsien uskonveljiä
ja siskojaan.

xxxxxxx

Sankari.
Kymmenen markan tequila.
Sit Josaan jortsuun.
Tulit mun käsipuolessa sisään.
En kehdannut kertoa olevani
alaikäinen
itsekin.

Baarien ovet sulkeutuvat,
kantapeikot potkitaan pesistään.
Kämpät kallistuvat,
leipäjono pitenee entisestään.
Vanha Parta mittailee päivät pitkät katuja,
kun ei huolita enää minnekään.
Kartsa manaa Tenkan portsaria,
ei pääse kahville sinnekään.
On Karhupuiston kadunmiehet
kuolleet jo aikoja sitten,
Nyt vain kukkaloisto
muistona nimettömien.

xxxxxxx

Sinä aamuna Hämeentien kultaiset kellonviisarit
säteilivät kirkkaasti auringon noustessa.
Sinä teit lopullisen ratkaisusi,
rummut hiljenivät.
Lepää rauhassa,
ystäväni,
kaimani.

Restless in Peace.

Prankkarin kulmapöydästä katson sinua.
Tekisi mieleni pyytää seuraan,
mutten ujouttani uskalla.
Keskipöydästä katsot minua,
samoin ajatuksin,
samoin tuntein,
lukossa samalla lailla.
Vuosia myöhemmin Pääkonttorissa istahdat pöytääni,
lähden hämilläni ulos röökille.
Kun palaan, olet istuutunut viereeni,
ja minä lensin uudelle kiertoradalle,
toivoen ettet
koskaan
enää
lähtisi.

Anu Keskitalo

Metro - Kallionkirjasto - Karhupuisto
matka voi olla vuosien mittainen

Kiipeän mäkeä ylös kirjastoon
sataa sinistä lunta
Ennen kirjastoa törmään tuttavaan
törmään puuttuvaan renkaaseen
törmään muistojen seinään
ja putoan takaisin metroon.

Ennen en välittänyt putoamisesta
nykyään olen täynnä arpia, mustelmia
titaania nilkassa
puhelimen lasi säröillä
kukkakaupan ikkunan takana
näen vain kuolleita ruusuja.

Yritän nousta, pääsen vaivalloisesti ratikkaan
jään karhupuistossa
jään siihen missä kerran kuvittelin valkoisia käärmeitä
jään ja jään
aina uudestaan. Kävelen, toistelen
katujen nimiä, kapakoiden nimiä
yritän sisään niihin jotka ovat sulkeutuneet
lukolla varustetut ovet täynnä sormenjälkiä.

Sataa, aina on satanut
auringonpimennyksen aikaan
kuun kumotuksen
tähtien kaiken lävitse
viiltäviä pisaroita
jonkun muun muistot
levällään roskalaatikon edessä.

huhtikuussa kaduilla maailma näyttä kaksi erilaista puolta

huhtikuun pilkuttaa rikkinäinen monokkelimies
kulkee katua väärin säärin
hiukset tuulessa ja sateessa roikkuvat,
roikkuvat

Kannibalismiin taipuvainen
filosofiaankin innostunut
pitää suolakurkuista ja kotiinpaluun hiljaisuudesta

Henkenä hänellä on menossa jo kolmas
vain kaksi kuolemaa ja kolme syntymää
ensimmäisestä syntymästään hän ei muista
tietää vain että silloinkin satoi räntää

Ne kaksi kuolemaa ne hän muistaa
rikkinäisten päivien jälkeen
hän makasi arkussaan
kummitteli itselleen

Kaksi syntymää
Valo virtasi ikkunaverhojen raosta

Nyt lähellä kolmatta kuolemaa
resuisten päivien räntäsade
nukkumattomien öiden suloinen yksinäisyys
vaarallinen tunne, kysymys joka kiipeää pitkin
selkärankaa
kuka minä olen? Kuka hän on?

Rautatiet saattavat olla vaarallisia
asemat ovat vaarallisia
liikkumattomat junat ovat vaarallisia
vaarallista on pysähtyä
vaarallista liikkua eteenpäin
Monokkeli on keskeltä halki
pinnalla vesipisaroita
maailma näyttää kaksi eri puolta
ja suurennetun suojatien

Lasisilmä katsoo kieroon

Anne Papart

LUMILEOPARDI

Joka päivä odotan kuumeisesti
Korkeasaareen pääsyä.
Menen tapaamaan
ystävääni.
Kaupunki kelluu merisumussa.
Pienet laivat huokaisevat
tyrmistyneinä.
Kalat ovat kuolleet Itämerestä
vuodesta 2050 lähtien.
Tuuli ottaa minut syliin.
Olen maahanmuuttaja, leija,
eksynyt.
        Niin kuin kaikki

Eiks näin jotkut sano:
Musta tukka, mustat silmät
mustalainen neekkeri
ja niin edelleen. Portit avautuvat.
Eläinten keskitysleiri odottaa.
Kävelen rohkeasti häkkiä kohti.
Hän on siellä minun urokseni
pörröinen ja hikinen.
Häntänsä on mustavalkoinen.
Iso elin. Taivas on sininen
ja valkoinen samaa paskaa kaikki.

Aivopesu robotit koneet marttyyrit.
Poimin sinisen kukan laitan sen
käpälien eteen.
Hän kehrää ja lausuu:
– Sä olet myöhässä ranskalainen
tyttö. Kerron sulle lumesta
vuorista tähdistä. Annan sulle vapauden.

Laitan käteni hänen päänsä päälle.
Hän kehrää. Viikset on sakset

hopeiset kuut. Istun yöhön asti.
Kerron hänelle auringosta
kuivista ruohoista, timjami, basilika,
kivet kuin saunan kiuas, heinäsirkat.

Laitamme silmät kiinni.
Kehräämme, sydämemme hakkaavat,
puut hengittävät samaan tahtiin.

Lumileopardi.
Rrrrrrrrrrrrr RRRRRRRRRRRRRRRRR

RUNOILIJOIDEN BAARI

Astun baarisaliin.
Olut ja kohina valtaavat pöydät.
Kaikki on epäjärjestyksessä:
elämä, rakkaus, kohtalo
kuitenkin enkelit valvovat.

Aleksis Kivi ja Eino Leino
lepäävät.
kyynärpäät pöydällä.
Gauguin ripustaa malvanväriä
katon hämiksiin.

Runoilijoiden baari on minun,
sydämeni baari.
Kuuntelen sisäisiä hiljaisuuksia,
asioita, joista vaietaan
ja sitten uskalletaan puhua
pikkuhiljaa etenevän yön,
salliessa, velvollisuuden
tukahduttamia huutoja ja
uudelleen syntyvän
rakkauden ihme.
Luen huulilta inhimillisyyden.

Värit: lippujen punainen,
iskujen ja lupausten sininen.
Toivon ja ikuisen kevään vihreä.
Annan rauhan astua itseeni.
Olemme yhdessä yhdistettynä.

Runoilijoiden esittely

Mikko Karhu (s.1954)
Varhaisessa keki-iässä työtoverini Jukka sanoi kerran, että minusta olisi tullut parempi muusikko kuin arkkitehti. Muutamia vuosia myöhemmin aloin harjoitella kirjoittamista. Aloitin kirjoittamalla siitä, mitä näin ympärilläni, usein katu- ja kahvilanäkymiä. Valitsin runomuodon, koska se voi olla hyvin lyhyt ja silloin voi kiinnittää erityistä huomiota kielen musiikkiin ja rytmiin.

Mira Mink (s.1982)
on helsinkiläinen opettajatar (FM) ja runoilija. Runot ovat elämää, jota voi tulkita sanoin. Niissä on takana aina joku tarina. Runoilija inspiroituu mielikuvista, tunnelmista ja ihmisistä. Rakkaus, suru ja ihmissuhteet synnyttävät runoja, puhumattakaan katumeiningistä, hyvästä läpästä ja miesnäkökulmasta.

Eskopee
Eskopee-nimimerkin suojassa lymyää Esko Puranen (s. 1952). Aloitin runoilut opiskelijapoikana 1970-luvulla kirjoittelemalla herkkiä blanco-runoja Leenalle, josta sittemmin tulikin vaimoni vuosikymmeneksi. Käyntikortissani lukee auktorisoitu kääntäjä, FM, VTK. Työ- ja perhe-elämän kiireet aiheuttivat katkon kynäilyyn, mutta palasin harrastukseni pariin 1990-luvulla keskittymällä riimittelyyn. Aiheeni ovat niin reaali- kuin fantasiamaailmasta peräisin. Pidän kuntoilusta ja käyn kulttuuririennoissa. Vastustan diktatuureja niin rajallamme kuin kauempana. Olen käynyt 96 maassa ja pyrin tuota listaa vielä karttumaan.

Hande Kallio (s.1979)
on kalliolainen runoilija, muusikko ja baariaktivisti, joka käyttää nimimerkkiä. Kokoelman runot ovat vuosilta 2004-2017.

Anu Keskitalo

Runo minussa, tahra, syntymämerkki, sääskensyömä. Katujen
ja metsien huuto. Tämä tässä ja jossakin muuta.

Anne Papart

Ranskalainen suomen kielen kääntäjä. Olen rakastunut suomen
kieleen ja kulttuuriin vuonna 1978, kun tapasin Ranskassa
suomalaisen tytön, joka lausui Eino Leinon runoja pellolla
auringon alla. Olen aina kirjoittanut runoja ranskaksi. Tänä
vuonna olen ryhtynyt runoilijaksi suomeksi. Yhdistän
luontoseikkailujani, panteismiani ja yhteiskunnallista kritiikkiä
runoissani.

Bonussivu

Jarmo Luoto
muusikko, joka teki vahingossa runon. Pisti sanoja peräkkäin.

Sanoja ei ole
Ei ole tilaa
Ei tyhjyyttä
Tässä huoneessa ei ole aikaa
Eikä tätä huonetta ole olemassa

Tätä laulua ei ole
Sitä ei voi nähdä
Sitä ei voi haistaa
Sitä ei voi koskettaa

On vain Huhu,
että se on syntymässä jossain
Jossain kaukana
Jossain kaukana
Jossain kaukana

Sisällysluettelo